LA BALA DE SANSÓN

LA BALA DE SANSÓN

SIGNUM-NOUS
EDITORIAL

RAFAEL PIÑEIRO LÓPEZ

Título: La bala de Sansón

Autor: Rafael Piñeiro López

Edición: Rafael Piñeiro López

Diseño y maquetación: Armando Nuviola

© Rafael Piñeiro López, 2016

All rights reserved.

ISBN: 10: 0692613587

ISBN-13: 978-0692613580

SIGNUM NOUS EDITORIAL
COLECCIÓN POESÍA
editor@signum-nous.org

ÍNDICE

Prólogo 7

Su nombre era un sonido 11

La Babilonia 12

Vacío 14

Las putas obesas 15

Belleza mayor 16

Bautíceme 17

Bosquecillo 18

Tlön 19

Dios es una flor 20

Una flor gigante en el jardín 21

Una marcha de caracoles 22

El Argos 23

Blues 24

Sandra 25

Oda 27

Caravana 29

La bala de Sansón 31

Las fronteras de la patria 32

El bardo 33

Soldado 34

La espera monstruosa de la muerte 35

Manadas 36

Los Muertos 37

Una noche azul 38

Las palabras 39

Frutos secos 40

Tan lejos del mar 41

Limpiar, limpiar 43

Sinsentido 45

Hirate ha muerto 47

PRÓLOGO

LA MANADA QUE SE ACERCA...

Se llega a la poesía cuando no se alcanza a nombrar lo que está a la vista, y el lenguaje no basta para designar esa imagen que se ha desligado de todos los referentes: relaciones nuevas para una extrañeza inédita. De todos los dominios que nos siguen aproximando al umbral de la poesía, la retención del sosiego y su reintegro como ofrecimiento incontestable destacan siempre entre los factores arduos de su oficio. Si escribir es prestarse a ser filtro de cuanta embriaguez nos sorprende, saberlo plasmar sin que la angustia suplante la palabra exacta se convierte en el más raro de los virtuosismos. Podrá hablarse de disciplina y sagacidad, pero falta aún sopesar la idea del poeta como tamiz natural, que deja afuera los sedimentos sin saber por qué lo hace. Cada vez se extraña más esa presencia en los libros, donde el poema es propósito y no vía, aliento que busca difuminarse y no reconocer su propia calidez. Los poemas sostienen y salvan, literalmente. Los libros, cuando no aparecen, hay que conjurarlos.

Rafael Piñeiro es un ejemplo de equilibrada ubicación estética, un plano donde la visión personal sabe encaminarse sin siquiera rozar la confesión gratuita o el despliegue oratorio. Es vivificante el atestiguar esa sinceridad que sabe regalar deslumbramientos sin que se mitiguen deudas, y el lujo verbal sin que se muestre como reflejo de otros reflejos. Pareciera que el poeta se nutre del diapasón que le ha dado voz, pero límpidamente se nos aleja, a tiempo, y decanta su porción legítima. Piñeiro sabe describir la partición de las aguas, luego de haberlas traspasado. El templo se derrumba, y este otro símbolo, este *Samson Agonistes* se hunde con naturalidad en una ciudad desierta, en un país desierto, entre las manadas hambrientas que lo recorren. Toda ciudad viene a ser depósito de sordidez, ágora donde se ensayan y cumplimentan los ritos civiles que se han ido adquiriendo con cada vuelta de noria. Hervidero, dicen; y tienen razón. Puede ser el simple viaje hacia la periferia; puede ser el desahogo de quien consigue por fin entender su sino; se firman alianzas, se busca una planicie, una desolación que apacigüe el resquemor de un día que va siendo el otro y el otro, hasta el cansancio. En cada grieta que horade al valladar de la ciudad, en cada intersticio por donde se filtren las especificaciones del Ser, medirá la perturbación de ese sueño en que sus habitantes la creen redimida. Falta siempre más para quien pule silente e incansable los pequeños triunfos que le emancipan, allí donde ahora sólo edifican piras, adiestran soldados, fabrican retóricas. El poeta que es depositario anuda las escalas, abre las ventanas y espera a que vengan y reedifiquen su país, su propio indulto. Porque emular con la palabra el silencio que la contiene, acercarse al mutismo con las acotaciones suficientes, sin que parezca una herejía o una atribución que le robamos, ha de ser medida de cuánta especialización requiere el poder formular ciertas nociones en verso.

Leer su destino, suplicio o redención, nos obliga a sentarnos, a apartarnos de la sapiencia que corroe los atributos del poema. Cuando repasamos los lomos de una biblioteca insular (son volúmenes de una lírica fatigosa, y se extienden hacia el vértigo horizontal) este libro puede detener nuestra febrilidad y robarnos todo el tiempo.

Este libro sabe detener el índice que busca más riqueza, como objeto y como pausa necesaria. Es otro escollo deleitoso, que nos libra de la carga de seguir indagando, y de la inexorable manada que se acerca.

Manuel Sosa

Su nombre era un sonido

Su nombre era un sonido
 y se escurría
por los entresijos de la casa.

Un susurro y muchas consonantes.
Apenas alguna vocal imperceptible.

Y sus hijos.

Y sus nietos.

Todos en el brocal
en medio del desierto de Etiopía.

Los huesos bajo tierra.
El silencio y la sospecha.

La Babilonia

El carnaval en medio de la Babilonia
donde hombres oscuros embarrados de hollín
danzan con sus lámparas siniestras, donde las
putas mueren con un nombre tatuado en la
frente por la cuchilla del carnicero, allí donde
los parajes no atesoran vida.

Ha sido sepia la existencia de los carromatos
en medio de la nada, entre el polvo y la bruma
de las páginas grises donde pastan
los ciervos del señor. Hay horror en cada
rostro, en cada gesto angelical del cielo.
No existen los demonios. Demonios somos
todos.

Huele a muerte, a podredumbre en medio de
la feria.
El carnaval se esparce más allá del camino y de
la vida y los gritos y el dolor de la mujer
asesinada allí en las carpas. El manejador yace
en el carromato sin ser visto. La metáfora de
los tiempos ha cesado.

Nadie ha visto nada en todos estos años. Solo el sonido da la carne
y del chasquido brutal. Ya se levantarán los ofendidos.

Ya regresará a la tierra impune el que lo ha dicho todo.
No existen los demonios. Demonios somos todos.

Vacío

No existe
la angustia por vivir.
¡No es más
que un complot de los poetas!
Urdido entre sombras y entre brujas.
¡Una mentira!
¡Mentira escandalosa y brutal!
No existe
la angustia por vivir.
No existen
los temores ni los sueños.
Inventos de quienes escriben
como si el mañana no volviera.
Canciones de cuervos y de ardillas.
No existen las angustias.
Tampoco los poetas.

LAS PUTAS OBESAS

Una taza de café
hirviendo en la mañana
y las volutas de humo
ascienden hasta el techo
mientras el cigarrillo
se consume
a través de la ventana
del frío de Santiago.

Afuera las micros y las navajas.

Afuera la sangre
de los que no son justos
y las putas obesas
en medio de la vía de Diagonal Cervantes.

Belleza mayor

¿Existe acaso
belleza mayor
−una belleza terrible y despiadada,
como suele ser la naturaleza de lo hermoso−
que la ceguera de Goya,
la locura de Nietzsche
 o la sordera de Beethoven?

Bautíceme

Bautíceme padre.
Bautíceme.
Quiero nacer de nuevo.
No importa ya el pasado.
Dibuje una cruz de sangre aquí en mi frente
para borrar el pecado de no creer en la
palabra de los hombres.

No existen las santas escrituras
porque la inmaculada concepción
fue una falacia permanente y sombría.
Toda historia escrita por nosotros no es más
que una mentira
atenazada por los banquillos de la iglesia.
¡Que se desborden los atriles
y que las campanas atraviesen el lupanar de
las fronteras!

Bautíceme padre en cuanto pueda.
Quiero nacer de nuevo.
Solo quizás así los ángeles
susurrarán en mis oídos.

Bosquecillo

Hay un bosque
adusto,
ralo y miserable
que encanta a los muchachos del poblado
y que se cubre
de las aguas nauseabundas y entrañables
del riachuelo de rigor.
Que brilla
en las noches de tormentas
perfectas e interminables.

El arco
y la flecha construida
con el marabú de las esquinas.
Las pedradas al atardecer
cuando la escuela
ha fenecido.
El olor de la merienda escasa.
El acueducto esquinero y aquel hombre
asesinado
a hachazos a la sombra
del acueducto de la esquina.

Tlön

Esmerdis el mago y esa metáfora terrible
de los espejos y los hombres
en las páginas inexistentes
de aquella enciclopedia falaz
e imaginada.

Los pastos de Uqbar y sus corceles.

La tierra amontonada de Tlön.

El dolor de los místicos y los juglares.

Canciones apagadas.

Tiempos inmemoriales y la ucronía
de las historias inventadas.

Todo se perderá cuando la muerte arribe.
Se borrará de la memoria de los pueblos.
No sobrevivirá la buena nueva.

Dios es una flor

El mundo
ha sido parido por una flor.

Probablemente Dios sea esa flor.

Esa flor de pétalos
como aspas de ventilador gigante.

De allí las nubes lluviosas de primavera
y las flores esparcidas por doquier,
las criaturas jubilosas
que abrazan el blanco infinito del papel,
las camisas y las casas, los manzanos...

UNA FLOR GIGANTE EN EL JARDÍN

A Rafe, por su magia.

Un hombrecillo
grita desaforadamente
a la sombra de una casa en llamas
y de una flor gigante en el jardín,
mientras la nave flota y sobrevuela
esa ciudad en blanco y negro
entre corazones sangrantes,
ventanas suspendidas en el cielo
y aquel sol redondo que parece sobrevivir
más allá de las nubecillas del verano.

Una marcha de caracoles

Una marcha de caracoles,
lentísima y alegre,
bajo la luz
de esa infinita y rara luna
que acoge a los insectos y a las gentes.

De una casa con chimenea y humo
a otra exactamente igual.

Casa y humo.

Humo y leña.

Y caracoles en una marcha lentísima y alegre.

El Argos

El Argos de Marco Flaminio Rufo, tribuno militar
o el Viernes de Robinson Crusoe
se trenzan
como ríos de sangre...
las vidas
de la ciudad inmortal y del desierto.
Entre las ruinas
y los pasillos sinuosos y el lodo
que proviene de las montañas.

Sin palabras.

Sin memorias.

Un mundo entero sin memorias.
¡Oh, Dios Mío!
Una vida completa sin palabras.

Blues

Una señora antigua
convidándome
a pasear al perro
en esa tarde azul de los recuerdos,
entre la bruma gris de la alborada
y el naranja de un pasado
que alguna vez fue hermoso
y triste y formidable.

SANDRA

A Sandra Nilo que murió en Santiago.

He vuelto a las mazmorras
anegadas en sangre.
Es una pesadilla recurrente.
El lastre pesadísimo del tiempo
me ha convertido en animal inútil
pero capaz de distinguir
la oscuridad y la pereza.

Y los gritos no cesan en las prisiones
de la calle Independencia.
La muerte ronda en las cámaras oscuras
del hospital San José.
La sangre como un pozo
en medio de la sala y Sandra,
la pequeña Sandra Nilo con el horror
blanquecino
de la muerte
atenazando sus vísceras y su alma,
descansando entre mis brazos.

Duerme el sueño eterno
de Chandler y de Faulkner.
Sus cenizas espolvoreadas

al viento
no reposan.
Jamás encontrará sosiego.

Oda

Es menester voluntarioso
lanzar oda precisa
al discurrir de las almas
en un trance
de metatatranca sobornada.

¿Que las palabras
enojosas y vituperantes
no conforman el anhelado sueño
de los discursivos elefantes de Malasia?
¿Que las mangostas al acecho
de la cena lezamiana
no pueden apesadumbrar
al más vomitivo
de los comensales de Cemí?
¿Que la moción abigarrada e imprecisa
de los pelícanos del Sur
no yace en las cimientes desplazadas
del zoológico
de fogosas rocas apedreadas?
¡Metatranca!

¡Una y mil veces metatranca!

Adoradores y filisteos de aquel origen
tortuoso y vacilante
¡Echad a andar por encima de libros y
canciones!

Nada diremos
ni poetas ni cultores ni mendigos.

La metatranca nos supera.
Es existencia en ciernes y frenesí de un siglo.
¡No hay vida más allá de los girasoles negros!
Lugar que habitan
 los dioses caídos con displicencia y sin
honores.
Desechos vertidos
hacia la desesperanza atroz y pervertida
de la metatranca cancerosa
que habla por boca de letrados irredentos
sin preclara visión
más allá de sus narices.

CARAVANA

¿Quién ha olfateado
el aroma del nacionalismo extremo?
¿El de la barda en el jardín
y los féretros sobre la puerta de la iglesia?
¿El de los héroes
redimidos y cobardes?

"Nadie"
te dirán en la escuela
y en los discursos y tribunas y en las marchas.
"Nadie"
repetirán el panadero y el dentista.

Y los intelectuales mirarán
hacia otro lado
mientras sostienen el peso
de Gramsci sobre sus hombros.

¿Quién ha olfateado...?

¿Se vio el jardín?

¿Y el ataúd?

¿La sotana en el culto
de los héroes?
¡Ay de vosotros, infelices
que defienden sus parcelas y sus huertos!

¡Ay de los otros
que escaparon al poniente!

La vida es una mierda
y los olores
vuelven, vuelven y nos alcanzan
en cada esquina y en cada casa.

Es el hedor
inconfundible de la muerte.

La bala de Sansón

Una lanza arrojada dos veces
 sobre mi cabeza
 la bala pesada doble de Sansón
 dos veces sobre mí.

Las fronteras de la patria

Se ha mordido
la lengua
esa niña hermosa y buena
y los filos romos son
como las fronteras de la patria.

Y la muerte
yace de espaldas con vestido floreado
como tía dulce y bondadosa.
Es un engaño.

Y el padre
dispuesto a golpear
(aún sin saber)
a la figura esmirriada de la muerte
en ese caserón inmenso
donde las cosas inferiores
se divisan
como pequeñísimas hormigas.

El bardo

El bardo guardó su guitarra en la caja de pandora y salieron los demonios a destruir todo lo conocido. El bardo, envuelto en lágrimas, se suicidó con un fusil.

Soldado

Yo fui un soldado
que aprendí a matar con mis manos
a un enemigo imaginario.
Y el uniforme verde olivo
en mis espaldas.
Apenas diecisiete años.
Un niño imberbe.
Un soldado, un asesino...

La espera monstruosa de la muerte

La espera monstruosa de la muerte
allá
en el ático de los condenados.
La cuchilla filosa
al borde del pescuezo
y el terror
en cada uno de los monolíticos sermones.

Hay filas en el despeñadero.
Hombres que gritan como en aquella canción
de los Pink Floyd.
Escaleras toltecas anegadas en sangre
y un butacón de cuero
en medio del cuarto y de la noche.

El horror no es al cuchillo.
Se trata de la ausencia
y el vacío.
De lo que dirán cuando no estemos.

Es el miedo al olvido
y no a la sangre o a la ira
de los fanáticos y el trueno.

Manadas

Muertos.
Muertos que deambulan
por las avenidas amplias de las que alguna vez habló
el inútil de sotana.
Muertos.
Muertos vivientes.
Muertos hambrientos
que atacan en manadas
deseosos de la carne fresca y pura
a pesar de los años
y las hachas, los horrores.
A pesar de los tanques en las vías.
A pesar de la ciudad vacía congelada en el tiempo,
en el implacable tiempo
que no existe... antes del apocalipsis...
Muertos.
Muertos que deambulan.
Muertos vivientes en manadas.

Los Muertos

Y están los muertos
que sabemos que no resistirán la llegada
de la noche y de sus sombras,
que se les pudre la carne
y el olfato se agudiza. Y muerden.
Los muertos que seremos en un par de días
o de años, los muertos que amamos
porque crecieron junto a la sombra
de nuestros propios bosques,
los muertos silenciosos y probables,
hojarascas de un verano oscuro
teñido del gemido de los zombies que reptan
y que comen
como las auras,
aquellas células perdidas
entre el verdor grisáceo de la espera.
Es el apocalipsis. O quizás el post apocalipsis.
Se han secado los mares
y los muertos, que no resistirán la llegada de la noche,
yacen allí, en medio de los páramos malditos.

Una noche azul

Una columna
de jovencísimos soldados yankees
(entre los cuales va mi hijo)
en perfecta formación
al lado de un ejército de nazis
de cascos y uniformes azules.

Irán a la guerra.

¡Ya lo hacen!

Y allá va la mochila semi abierta de mi hijo
con el folleto azul
a punto de caerse y sus tareas...
Una extraña lo toma entre sus brazos
y lo lleva
hasta el Kindergarten avecindado al frente.

Alguien susurra
en medio de la noche
que se puede construir un poema sobre un verso,
sobre el pedestal de Dios.

LAS PALABRAS

Yace
el vendedor de palabras
en el duro y frío suelo cementado
del calabozo
a la espera
del tirano y su cohorte y los perdones
que habrán de iluminar su ciencia
imperceptible
de sílabas y vocales parafraseadas
a destiempo. Morirá el vendedor
entre estertores
terribles y secretos y el tirano
ya no podrá balbucear
sus últimas palabras
en el lecho de la muerte.

Frutos secos

Yo
que he vivido en moteles miserables
y que he sido perseguido por las calles
estoy aquí
esta mañana soleada de irreductibles colores
poniendo frutos secos
sobre el yogurt de la merienda.

Tan lejos del mar

Como muñecos de cera
que se descomponen en el aire,
en la caída, en el inmenso precipicio
de una historia
que ni siquiera merece ser contada.

Como muñecos de cera.

Esos rostros espectrales.

Esas mutilaciones horrorosas.

Y los tanques
y las salvas al aire y los soldados ingleses
y los rusos
bramando allá en Polonia.

Como muñecos de cera.

Y el aire con olor a muerte.

Y los perros hurgando
entre el detrito

y la carne

que se descompone.

Por doquier.
Muñecos de cera por doquier.

Pilas que se escabullen
hacia ambos lados del camino
por donde pasarán los tanques.

Tan lejos de los campos donde descansan los héroes.

Tan lejos del mar y de las rosas.

Como muñecos de cera.

LIMPIAR, LIMPIAR

Morgan ha dejado a sus espaldas
aquel piso impreciso,
en medio de la nada,
donde el horror circunda.
Limpiar.
Limpiar.
Limpiar.
Limpiar y apilar cadáveres ya muertos
antes del apocalipsis.
Y quemar al espanto
en una tea gigante y amarilla.
Morgan ha dejado su pueblo a sus espaldas.
Lo ha salvado una cabra.
Una cabra y
la vieja cabaña de aquel hombre,
al borde del acantilado.
Panacea repentina.
Alivio temporal de quienes no son nada.
Nadie escapa del horror por siempre.
Tampoco Morgan y la muerte que lo sigue.
¿A quién perdiste, a quién perdiste?
Le preguntan.
Necesito sus nombres, dice Eastman.

Toda vida es preciosa

han afirmado siempre
y el horror que no merma, que no acaba.

Sinsentido

Existen rincones irascibles
donde un grito es un grito
y donde el odio es odio.

Los árboles bailan en la tormenta.

Los coros ávidos de pájaros monstruosos
se convierten en Hitchcock.
Y los espectros se asoman
en fotos olvidadas,
recostados a sillones de cartón.

Hay rincones irascibles.
Es la oscuridad de la existencia.
Es lo banal de la falsa sabiduría.
Batalla incansable por reconquistar el paraíso
que se muere.

¡Ha partido la infancia!
Hemos partido todos.

Ya nada atesora algún sentido
porque hay rincones irascibles

donde un grito es un grito
y donde el odio es odio.

Hirate ha muerto

Hirate ha muerto
y en el cielo del Oriente palidece
una estrella
bajo el inclemente sol del mediodía.
Nunca logró
cruzar el puente de la casa Liao.
Un afiladísimo sable se atravesó
en medio del camino
y cercenó su cuello como una rodaja
de naranja.
Se ha quedado su cuerpo
cercado por las auras del Japón.
El código samurái.
El honor del deceso.
La muerte, en su simpleza,
no necesita de códigos ni honores.

Un discurso sin palabras

Buscamos un altar
que sólo era una vara enjuta y miserable
enclavada en las arenas del desierto;
una iglesia que resultó una choza;
discursos que fueron palabras.

Creímos en la eviternidad
y adoramos a los seres inmortales.
De nada sirvió.
Habían perdido sus memorias.
El mundo construido se había derrumbado.
Nunca existió.

La patria abandonada fue un susurro
desfigurado
por el graznar de las aves sobre el agua brumosa
y desafiante.
Los estandartes del solsticio, una falacia.

Ya no hay rincones donde trazar fronteras.
Con un fusil resguardo mi morada,
que es la patria
de los que poseen una patria.

Un sinsentido.
Una realidad brutal.
Un holocausto y ese apocalipsis
posterior e inevitable
que da forma a nuestros miedos y miserias.

Buscamos un altar
y encontramos un odio mayor desfigurado;
una iglesia que era choza;
un discurso sin palabras.

Otros títulos de la editorial

www.ingramcontent.com/pod-product-compliance
Lightning Source LLC
Chambersburg PA
CBHW031505040426
42444CB00007B/1215